Mokhtar Kebir

Le deuil des corbeaux

Mokhtar Kebir

Le deuil des corbeaux

Quand les âmes sont en larmes rien n'empêche que tout s'enflamme

Éditions Muse

Imprint
Any brand names and product names mentioned in this book are subject to trademark, brand or patent protection and are trademarks or registered trademarks of their respective holders. The use of brand names, product names, common names, trade names, product descriptions etc. even without a particular marking in this work is in no way to be construed to mean that such names may be regarded as unrestricted in respect of trademark and brand protection legislation and could thus be used by anyone.

Cover image: www.ingimage.com

Publisher:
Éditions Muse
is a trademark of
Dodo Books Indian Ocean Ltd. and OmniScriptum S.R.L publishing group

120 High Road, East Finchley, London, N2 9ED, United Kingdom
Str. Armeneasca 28/1, office 1, Chisinau MD-2012, Republic of Moldova, Europe
Printed at: see last page
ISBN: 978-620-4-96412-6

1

Plus de valeur ni d estime

Sans cesse des nouvelles de crimes

Partout il ya des victimes

Et des faibles qu'on opprime

Sans profil et sans face

Des aliénés a tètes de rapaces

Qui réprime et qui efface

Par la religion et par la race

Et dans quel cadre et dans quel régime

Qui parle et qui s exprime

Quand le mal sur le bien prime

Quand le temps s abime

Une seule voie et un chemin ultime

On devient anonyme

2

La vie des uns froide et d autres chaude

Et n est d autre qu'une période

Faites d une succession d épisodes

Elle nous invite qu'on s existe

Et qu'on se fixe un but

La vie change de face et de mode

Son secret une combinaison en code

Alors qu'on en finisse et vite

Comme ca on sera quitte

Alors cherche le moyen avec la méthode

Et trouve la formule et le code

Et si tu gagnes tu deviens un mythe

Avec touts les honneurs et le mérite

Tu ramasseras ces émeraudes

Et si tu dérive on t épinglera pour fraude

Avec ton nom graver sur du granite

Son prix a payé pour que tu t acquitte

Et si la vie te délaisse tu corrode

Alors en maitre rêne et soit un Nemrod

3

Par touts les temps et toutes les dates

Il ya des bandits et des pirates

Barbe noire ou barbe rousse

Du capitaine au petit mousse

Gallo et pas question qu'ils ratent

Pillent, rançonnent et squattent

De la mauvaise graine-la ou elle pousse

Quand elle attrape elle éclabousse

D un autre âge celui des primates

Sans honneurs en quoi elle épate

Haut et cours pendes les tous

Par des cordes en nattes

4

La loi en marche rien ne la freine
Et la vérité pour qu'elle éclate
Mets du temps et jamais ne traine
D être ne pas pris le bandit se flatte
Et la justice en maitre gouverne et règne
Traque le mal l attrape et le batte
A la première occasion et aubaine
Qu'il dribble, jungle ou qu'il s acrobate
Vers la prison l embarque et l emmène
Par la rééducation se range et s acclimate
Et le bandit paye et purge sa peine

5

Début d exil et de galope

La drogue dévore tous les lopes

Et comme l apparence détrompe

Elle s en fou de leurs nombres

Des déchainés comme des ogres

Qui deviennent mendiants et pauvres

Et par sa malédiction ils s adoppent

Alors assure tes fautes quand tu te trompe

Peut être on ramassera tes cendres dans un canope

Puis on t embaumera dans un canope

Et pour que jamais en toi s éveille le cyclope

Ni drogue ni clope

6

Le pauvre se prend pour un derviche

Se plain de la vie et en même temps s enfiche

Tout a fait son contraire le riche

En course et le premier au finish

De l argent il renifle et il déniche

Et comme le bucheron précède la buche

Et pour avoir la bulbe on épluche

Dans le règne de la ruche

Nul ne tombe ou trébuche

Et tous travaille et sans triche

Et per l épargne on devient riche

Défi a prendre chiche

Souvent raconter pendant les nuits

Les histoires cachées d autrui

A les écouter on est séduit

Puis guidait et conduit

Comme un assoiffé vers l eau de puits

Ou un affamé attirer par l odeur du pain cuit

Et comme ce n'est pas gratuit

Des fois on tombe dans les ennuis

Et sans aide ni appui

On vous court circuit

Et puis l histoire s ensuit

Depuis éden et son maudit fruit

8

Par acte d hypnoses

Le temps meurt et fait pause

Et sans raison et sans cause

Et sans qu'on traite la chose

On ne sait pas a quoi on s expose

Et par moment de psychose

Un cauchemar s exauce

Et s installe puis s impose

En nous la névrose

Puis elle éclose

Nous transporte puis nous transpose

Alors y a-t-il quelqu'un qui s impose

9

Des autres femmes tu diffère

Quand je m égard ou je me perds

Tu es mon seul point de repère

ca fait longtemps une entité

Que nous nous sommes quittes

Je soufre pleinement d aridité

Devant tes yeux sincères

Je ne peux cacher ma douleur

Je parle avec mon cœur

Et comme on se déchire

Et rien ne peut satisfaire ni suffire

Alors sans toi vau moi périr

10

En automne la nature devient avare

Et pour cela tout se fait rare

Et comme les choses font le hasard

Tout devient muet après qu'il était bavard

Et très tôt déjà il fait tard

Et comme c est le désert au Bazard

Alors tout est inscrit au Bayard

Et au signe qui marque et trace le regard

L automne a l âge d un vieillard

Comme l humble ne cache ni argent ni or

A-t-il raison ou bien a-t il tort

Est-il faible ou bien est-il fort

Et comme la raison est son vrai trésor

Puisque la tentation il ignore

Avec lui-même en accord

Connait son destin et son sort

Avec une amé saine dans un similaire corps

Et d autre la tentation les dévorent

À la recherche de conquête et de confort

Mais sans ménager d effort

Et pour quel résultat et quel score

À la recherche du mont d or

Alors la place au temps mort

Sinon encore et encore

12

Choisir entre propre et sale

C est essentiel et même vital

De la mauvaise Campanie te feinte

Te porte préjudice et atteinte

Et comme elle est semblable a la gale

Elle te contamine et te fait du mal

Y remédiez par abstention

Pas besoin de plainte

Il n ya pas mieux qu'une compagnie sainte

13

Qui de nous deux est a blâmer

Tu es parti et a jamais

Et depuis ma douleur est au sommet

T avoir dans ma vie aurait été une grande chance

Sache que je souffre par ton absence

Et sans toi je n ai connu ni joie ni ambiance

Sache que Plus rien ne me convient

Et qui de nous deux de l autre se souviens

Ou cherche de ses nouvelles et de ce qu'il advient

Mon désir est toujours fort et intense

Et je sais bien que ca n a pas de sens

Mais malgré tout cela à toi je pense

14

L anarchie publics

A partie Mazo et l autre sadique

A moitie traitre et l autre indic

Tout le temps critique

A tète de bourrique

Ignore la loi et jamais ne l applique

Est fausse et pas authentique

Au premier geste abdique

Manque d éthique

Jamais a l heure ni au pic

Sans plan ni tactique

Ni théologique ni laïc

Blâme la tunique

Stimuler par le fric

Déteste la république

15

De la poussière je brosse

Sur du papyrus

Ou est écrit la guerre est atroce

Et quand le beau temps s annonce

La liberté guide l albatros

Vers l ile des colosses

Où les hommes se sont cases les os

Et par les pays d Irlande et d écosse

Nous est parvenu les nouvelles des canons de Navarone et de kéros

Alors qu'il n ya d autre que la bataille de Leros

Et si le monde n était fait que de gosses

Ils jouiraient pleinement d innocence

Puisque les hommes par leur cruauté divorcent

Que la guerre s arrête et en urgence

Le faucon par ces ailes au vent s accroche

Gète sa proie, la trahit puis la fauche

Ou qu'il veut et quand il veut il niche

Sur la falaise comme sur la corniche

Avec des yeux de braise

Sa proie est prise par un malaise

La voila effrayer et qui pleurniche

Quand par son yak s annonce et s affiche

Le faucon combien qu'il pèse

Et comment qu'il fait ce qu'il lui plaise

La vie est elle si dure et mauvaise

Ou bien appartient-t-elle au fort et balaise

17

L aube fait peur au crépuscule

Et pour la première place le monde se bouscule

Et celui qui n avance recule

Par le premier pas on arrive au milli

Alors rend toi utile

Ne soit pas nul

La volante se stimule

Fait tes calculs

Ne soit pas somnambule

Et on ayant une mule

Tu auras un véhicule

Et qui stagne coagule

Alors bouge et circule

A cœur ouvert voulue mourir sur scène Dalida

Comme un taureau saigner dans une corrida

Mais elle n'est pas morte comme elle décida

Et par son chagrin d amour se suicida

Par un soir de gala elle chercha un candidat

Dans une salle comblée pour qu'il la guidât

Paroles encore des paroles qui les valida

19

Depuis que je t aime

Je ne suis plus le même

Tu es une étoile

Et nulle ne t égale

Avec toi mon temps dur et s étale

Mon cœur sans repos, je n ai pas mal

Pour toi je ferais plein d expo

Tu es ce qu'il ya de plus beau

Quand tu m embrasse

S arrête le temps avec l espace

A toi je tiens

Et tout me convient

Rien ne me trouble ou m agace

Avec toi je suis a la meilleur place

J en prend soin je suis bien

Je prends gout a la vie tu es le lien

Si ta situation t embête

Une vraie case tète

Chose que tu conteste

Alors pour toi on sonnera la trompette

Et pour que jamais la vie ne t empiète

Tu devras choisir le chemin de la conquête

Ta réussite sera concrète

Par tes résultats qui se complètent

Alors réveille en toi la tempête

Tu sortiras de l oubliette

Ne soit pas une girouette

Quand cesse le vent elle s arrête

22

Ma joie a tout jamais finie

Séparer de toi au lieu d être réuni

Je n ai pas su vivre sans toi

Je suis condamner je n ai plus le choix

Et comme rien n est sure et tout est faux

Alors moi de tout je m en fou

Il a suffit d une fois

Et s installe a jamais le froid

Je suis damne et puni

En plus je me sens démuni

Pour ca je ne t oublierais quoi qu'il en soit

Je n ai pas su te traiter comme il se doit

Tout me trouble et tout m agace

Plus rien ne m intéresse de tout ce qui se passe

Et pour cela je me marque à la croix

Et pour t avoir perdu je me mords les doigts

23

7 Je t aime de nuit comme de jour

5 Sache que tu es ma colombe

6 Et pour toi je crack et je tombe

8 Tu es ma pomme que je croque et que je savoure

4 Et par voie haute et par discours

2 Sache que tu es une vraie bombe

3 Et pour toi prêt pour que je succombe

1 Même si tu fais l oreille sourde

Je veux que tu m apprenne

Je veux que tu m enseigne

Et par ton amour que tu me traine

Et a toi que tu m enchaine

Et quand ta douce main vient dans la mienne

Une sensation en moi s éveille et revienne

Et à mon cœur parvienne

Chérie tu es ma reine

25

Je ne veux pas que le temps passe

Je commence a aimer je suis content

Et par ta connaissance débite mon temps

Je vois mon bonheur qui se dresse

Je tiens ce qui vaut le reste je laisse

Tu es tout ce qu'il ya d important

Avant toi j étais inexistant

Et avec toi je ne veux pas que le temps cesse

Me détester pour ce que je suis

Je dérange, je vous ennui

Je suis toujours debout

Et j irais jusqu' au bout

Je ne compte sur aucun appui

J ai mes moyens je m en réjouit

Sous la pluie moi j accepte la boue

Je ne suis pas encore à bout

Vous êtes brulé vous êtes cuit

Je suis le jour vous êtes la nuit

Je déteste qu'on m ignore

Je suis toujours à bord

Je ne suis pas en dehors

Et même sans accord

Qui ya-t-ilet alors

Je ne fais pas partie du décor

Et non plus un corps mort

Vous avez tort

Je tiens encore

Entre mes mains mon sort

Vient l aube et suit l aurore

Sans mémoire l avenir est effacer

Et nul ne peut s ennuie ni se tracasser

Et par sa cause est décidé puis tracer

L’avenir par le passe

Et ces tourments qui ne peuvent être chassé

Fond que le monde devient agacé

Et des deux tu peux te débarrasser

Vit l instant et ils seront brises et cases

Et pour toi ca sera une éternité plus qu’espacer

La vie te précède et te devance

Alors accroche toi et fonce

Et si jamais tu abandonne ou tu renonce

Sache que tu n aura aucune chance

Au point d arrivée réfléchit et pense

Et tes gains seront grandioses et immenses

Ne perd surtout pas de sens

Comme celui qui joue et dance

Et a chaque échec recommence

Alors elle te permettra la croissance

Et tu connaîtras l émergence

Dorénavant je mettrais haut la mise

Comme il ya des êtres sans principe

Partout les moyens ils s agrippent

Et d habitude je lâche la prise

Savent se connaitre ceux que je vise

Choisit avec qui tu fait équipe

Evite l inerte cherche celui qui participe

Pas besoin de nom et sans que je dise

Fin de sensu et non plus de main mise

Et comme il ya de la fripe

Aussi il ya de bons comme il ya de mauvais types

Bon débarras c est a ma guise

Je veux être un bandit

Et Faire tout ce qui est interdit

Je veux être un gangster

Et rien a mes yeux ne sera chère

Dans mon absence comme ma présence

Pour mo seul compte la puissance

Je deviendrais un komi de guerre

Et je tiendrais d une main de fer

Je veux être un mauvais type

Et à tous les holdups je participe

Je serais célèbre par taux d audience

Ce n'est pas à ce que je pense

Et tout ceci n est qu'un rêve d adolescences

L arbre se plein a la hache

Pourquoi tu te saler et tu t entache

Est-ce par vengeance ou par panache

La hache rien ne la fâche

C est son métier et sa tache

Sans qu'elle se fatigue et sans relâche

Et a l arbre elle s attache

Et pas question qu'elle le lâche

Et derrière qui le manche se cache

Le génie prend soin de ces proches

Gagne sa vie en casant de la roche

Nul ne l en voudra et nulle reproche

Foucher et sans un sou en poche

Tu seras tenir une pelle ou une pioche

Au tableau par de la craie on te coche

Puis libérer par le son de la cloche

T auras un salaire que tu empoche

Alors soit sur selle et chevauche

Sinon auras le trottoir et la débauche

A toi le chois de ce que tu chausse

Les hommes devant la mort se recueillent

Et la séparation rend les corbeaux en deuil

Les louves fideles jamais ne changent de seuil

Et comme les fruits se cachent entre les feuilles

Nous tentent pour qu'on les cueille

Alors l amour se garde par l orgueil

Et sans sourcils que reste –t-il a l œil

Et sans son bien aimé s intéresse et qui veille

L histoire est plein de circonstance

Qui se répète et qui recommence

Par une prophétie du moujik Raspoutine

Alexandra n est plus la tsarine

Et quand les pensées s endoctrinent

Alors la haine se retrouve à la tribune

Delors commence la violence

Débuts de touts les souffrances

Et puka le chien pleure la princesse benjamine

L arbre change de feuilles mais jamais de racines

Et quand on dresse la potence

Puis on prononce la sentence

Reste la tira nie qui assiège et domine

Et pourquoi c est toujours les belles choses qui finissent en ruines

Et tourne et chante Pouchkine, tourne et chante Pouchkine

L amour et l amitié sont signes de noblesse

Et loin d être points de faiblesses

Et les larmes sont faites pour les âmes

Quand s enfoncent a fond les lames

Devant l amour et l amitié on se baisse

Même quand l un d eux nous blesse

Et quand notre malheur est en tète du drame

Alors rien n empêche que tout s enflamme

On prend du temps rien ne presse

Et on s y remets et on s y redresse

Et par la suite seul reste le blâme

Facon de riposte et de clame

Et conne l amour et l amitié affichent leurs adresse

Las âmes sœurs jamais ne se laissent

S engager pas pour une part de gloire

Mais par principe et devoir

Au RDV avec l histoire le voila

Qui d autre que le grand Mandela

Et pour une part de défaite

D histoire révélée ou secrète

Qui aboutit a un total échec

Commis a l origine par de gros bec

Et rare que l histoire rencontre de vrai mec

Honorable mission et fonction

Qui préserve de toute humiliation

Le bien s'applique en dévotion

Il n a ni limite ni dimension

Et dissout toute les tensions

Et n attend ni récompense ni pension

Sans attendre de recevoir

Meilleur façon de se faire valoir

Pouvoir et vouloir aider

Ceux qui n osent demander

Le bien réuni et rapproche

Même ceux qui n ont rien en poche

Respect de soit même sans attendre de plaire

Y a beaucoup pourquoi rester sans rien faire

Quand la justice rejoint le crime

Plus besoin de drapeau ou d Himes

Et tous les bandits touchent une prime

Et la peur change de camp

Et commence le règne des délinquants

Qui ramène l éruption du volcan

Et tout devient étranglant et suffocant

Et lorsque le crime brade la justice

Alors bonjour a tout les tentations et tous les vices

Je pardonne et je reste courtois

Une fin injuste après une brève naissance

Et comme le temps sépare avec les distances

Et a mes conditions, ma décision et ma loi

A mon cœur plus d accès ni de voies

Dorénavant plus rien na d importances

Rien n est fini tout reste en suspense

Seule reste l amertume et la souffrance

Se sentir léger et sans poids

Dites moi seulement pourquoi

Don quichotte

Le vieux chnoutte

Prend ces crochets puis tricote

Ne sais pas faire sa popote

N'a personne qui le dorlote

A peine qu'il marche il tripote

Prend son hypocras et le sirote

Et par temps des perrunillas qu'il grignote

Perd la raison ou bien n à rien dans la jugeote

Se mets à sa tète et a ces idées idiotes

Face a la réalité et ces problèmes il boycott

L amour un vrai miracle

Fidele reste inchangé

La haine un vrai obstacle

Cherche à se venger

L amour ouvre toutes les portes

Et sur tout réconforte

La haine hait et déteste

Elle Tue et empeste

Clair l amour avoue sa sincérité

Devance la haine et garde sa place méritée

Sombre la haine meut devant la vérité

Trahit d elle-même est bannie et déshérité

43

Toute ma joie ainsi que mon plaisir

Sont dans ma souffrance qui me déchire

Inimaginable et impossible de la décrire

Et rien ni personne ne peut me guérir

Plus rien me convient plus de désir

Par ta séparation j'ai perdu tout désir

Et avec toi j aurais aimé vieillir

Dur et au cœur tendre qui ne sait nuire

Maintenant tu es au courant et ca doit te suffire

La politique et les dessous des cartes

Qui décrète des lois et mis des chartes

Et si jamais on aboutit pas a ce qu' on pense

Alors c est une fin comme une naissance

Le petit caporal devint l empereur Bonaparte

Mets sa main dans sa choppe pour qu'il épate

Vint le jour ou tourna sa chance

Ou plus rien n aura d importances

A Waterloo s'éteint comme Léonidas de sparte

Monarque conquis, acquis puis perde la tarte

Et que reste t-il après la défaite

Rien que l amertume et plus jamais de fête

La vie est une tracée et une existence

Et son poids repose sur la souffrance

Et comme les choses sont imparfaites

Des fois lorsqu' on tombe impossible qu'on reparte

Comme le mensonge déroute

Aller voir ce que ca coute

Puisque la vérité sera dissoute

Pour votre vérité on vous détesté

Comme ca ennui et ca inquiète

Chose que beaucoup refuse et conteste

Par le mensonge sans qu'on rajoute

La vérité se transforme en doute

Et tout ce qui vient après en le choute

Le mensonge jamais ne dur et ne reste

Quelque soit le mobile et le prétexte

A la vérité beaucoup tourne le dos comme la veste

Et si vous n'y croyez pas faites vous-même le test

Soit dans le droit chemin et rien ne fâche

Et si le monde a dieu s attache

Aura de la manne pour qu'il sache

Au nom de l alliance dans l arche

par sa grâce des mécréants les sauve et les arrache

Et ces fideles jamais ne les lâche

Alors qu'on se met en marche

Printed by Books on Demand GmbH, Norderstedt / Germany